ASSEMBLÉE

DES

ACTIONNAIRES DU BIEN PUBLIC

A CORMATIN.

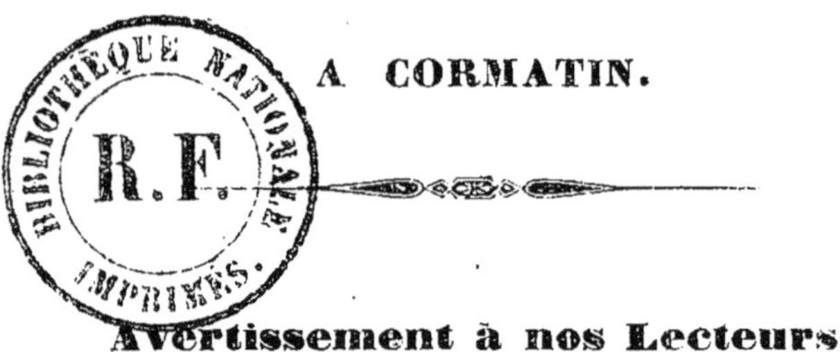

Avertissement à nos Lecteurs.

La réunion annuelle des actionnaires fondateurs du *Bien Public* a eu lieu jeudi, 15 octobre, à Cormatin, chez M. de Lacretelle. On y comptait presque tous les membres dont se compose l'association. Des membres nouveaux ont fait connaître à l'assemblée leur désir de prendre part à son œuvre, et d'être admis au nombre des actionnaires-fondateurs.

L'assemblée a pris connaissance de la situation morale et matérielle du Journal. Le nombre des abonnés s'est accru de soixante-deux abonnements pendant le cours de l'année écoulée. Tout fait espérer qu'il s'accroîtra dans une proportion plus considérable dans le cours de l'année qui commence.

De grands sacrifices ont été faits et doivent être continués et redoublés encore par les actionnaires pour créer, soutenir et grandir une œuvre qui, à l'inverse des œuvres industrielles, attache d'autant plus ses fondateurs, qu'elle leur rapporte moins, et qu'elle leur offre plus de preuves de désintéressement et de dévouement onéreux à donner à leurs idées. Ces subsides, pour combler le passé et pour assurer l'avenir, ont été votés avec une unanimité, un élan, une émulation de générosité qui n'ont laissé place qu'à l'admiration réciproque et qu'à l'enthousiasme. Nous aurions voulu que les portes fussent ouvertes et que chacun pût voir combien sont faciles et combien sont doux les sacrifices que l'on fait à ses convictions et à son pays ! C'était comme une famille d'idées; c'était aussi comme une famille de cœurs; car on s'unit dans le bien. Ce qui n'était en commençant qu'une conformité d'opinions politiques, devient peu à peu une estime mutuelle, puis une véritable parenté de sentiments, puis enfin une indissoluble amitié. Jamais le lien qui unit le faisceau de ce petit groupe d'hommes n'a été resserré plus étroitement et plus solidement. C'est la récompense de leur courageuse persévérance. S'entendre ainsi, c'est mieux que s'unir, c'est s'aimer !

Des changements importants ont été discutés et votés dans l'administration et dans la rédaction du Journal. On a renoncé, après une année d'épreuve, à une périodicité trop rapprochée de trois fois par semaine. On a reconnu que ce mode de publicité, en imposant à l'administration des charges inutiles, pouvait nuire même à la bonne rédaction des articles. Le but d'un journal de département n'est pas tant de présenter une multitude de petits faits à ses lecteurs que de discuter les principaux faits et les principaux actes du gouvernement que la semaine apporte. De plus, un tel journal ne comportant qu'un seul rédacteur habituel, ce rédacteur n'aurait pas le temps de la réflexion, de l'étude, de la rédaction, en deux jours. Les questions en souffriraient. Ses rapports avec les hommes politiques qu'il a besoin de consulter deviendraient moins fréquents. Le travail pressant, les inspirations manquent. Ce n'est pas la faute de l'homme de talent, c'est la faute des heures. L'assemblée a pensé qu'il fallait lui en accorder davantage. Elle a résolu que le journal reprendrait son ancien mode de périodicité et paraîtrait le jeudi et le dimanche de chaque semaine.

Le rédacteur en chef du *Bien Public* ayant donné sa démission, cette démission a dû être acceptée. La réunion a chargé un de ses membres (M. de Lamartine) d'exprimer dans une lettre collective à M. le rédacteur en chef les regrets sincères des actionnaires-fondateurs, et la haute estime qu'ils lui témoignent pour le zèle, le talent, l'intégrité d'opinions dont il a fait preuve pendant cette longue et souvent éclatante collaboration de trois ans.

Un nouveau rédacteur a été appelé de Paris. L'élévation de ses opinions et de ses sentiments, ses talents littéraires, sa plume exercée dans la polémique de la presse quotidienne, son indépendance du gouvernement sans haine, son patriotisme sans trivialité, et enfin son dévouement religieux aux progrès de la saine démocratie par la raison et par les institutions, tout annonce en lui un homme digne de personnifier les idées que nous voulons répandre, et une main capable de les faire briller du seul éclat de la vérité.

En résumé : votes de subsides larges et indéfinis pour consolider le *Bien Public* et pour étendre sa sphère d'action et de ralliement ; voilà le résultat capital de la réunion de Cormatin. L'assemblée aurait désiré que les deux journaux d'opposition qui se publient à Mâcon confondissent leurs forces dans une œuvre unique et commune. L'estime que les actionnaires du *Bien Public* font des articles de plus en plus sérieux du publiciste qui rédige ce spirituel journal d'à-propos ; — la conformité de vues politiques entre les deux journaux, les mêmes pensées, le même public, le même adversaire dans l'habile écrivain du journal conservateur de Saône-et-Loire, à qui cette coalition même prouverait le compte que nous faisons de son talent ; l'amitié personnelle enfin entre des écrivains compatriotes de cœur autant que de sol ; tout semble convier les deux organes d'une même idée à s'unir par une fusion, utile surtout à la vérité. D'insurmontables obstacles s'y sont opposés jusqu'ici. Nous espérons que ces obstacles tomberont devant l'évidence des avantages moraux d'une telle concentration d'efforts et de talents, et surtout devant les sympathies politiques, littéraires, personnelles qui attirent les uns vers les autres des hommes séparés seulement par l'épaisseur d'une feuille de papier.

Après cet examen de sa situation matérielle, la réunion s'est rendu compte de ce qu'avait fait le *Bien Public*, depuis sa fondation jusqu'à ce jour, pour la propagation et pour l'avancement des idées qu'il avait mission de répandre ou de rallier autour de nous. Elle ne s'est rien exagéré à cet égard en le créant. Elle n'exige pas une grande splendeur d'un petit foyer.

Toutefois, si, pendant le cours de ces quatre années d'existence, nous ne pouvons pas présenter à nos amis et à nous-mêmes des titres bien éclatants à l'estime publique, nous pouvons nous féliciter du moins de tout le mal que nous n'avons pas fait. Ainsi, nous n'avons pas pris une vaine popularité pour boussole dans la recherche et dans la solution des différentes questions qui ont passé devant le pays ; nous avons cherché la vérité dans notre conscience, et non dans les applaudissements des journaux de partis. Nous n'avons ni entravé, ni harcelé l'administration, cette nécessité unanime de tous les temps, indépendamment de toute opinion : nous avons prêté concours aux bonnes intentions de l'autorité publique, toutes les fois que ses mesures nous ont paru d'utilité générale. Nous n'avons pas jeté ses magistrats en mépris ou en dérision au peuple. Nous avons réprouvé les premiers et énergiquement ces émeutes naissantes à l'occasion de la cherté des grains, et recommandé au peuple le respect de la liberté du commerce et de la propriété ; nous n'avons pas décrédité par des dénigrements systématiques dans l'esprit du peuple les corps politiques et délibérants chargés de discuter les affaires du département. Nous avons entouré de respect et de force le conseil-général, le conseil d'arrondissement, le conseil municipal, la garde-nationale, tous ces organes électifs de la pensée, de l'action, de la vie départementales : nous n'avons pas caressé l'anarchie. Nous n'avons pas semé la désaffection ou la haine entre les différentes classes de citoyens. Nous avons recommandé aux classes riches et aux classes laborieuses de se rendre les respects, les services, les justices, les assistances mutuelles dont se compose la véritable fraternité politique, perfection selon nous de toute société civile. Nous n'avons pas envenimé la polémique par ces aigreurs ou par ces outrages de parole qui froissent les cœurs, blessent les amours-propres, déchirent les réputations. Il n'y a pas un de nos concitoyens qui en haïsse un autre à cause de nous. Pendant que nous luttions en haut dans la région des idées, nous avons préservé soigneusement en bas les

rapports honorables et même affectueux dans la vie civile. La discussion finie, nous avons toujours pu serrer
la main d'un adversaire. Nous avons mis la concorde, les
égards, la politesse au nombre des vertus de la liberté !

Et cependant, dans notre sphère étroite et modeste de
petit journal d'arrondissement, qui ne voulait élever bien
haut ni porter bien loin ses espérances de publicité politique, n'avons-nous pas eu aussi nos semaines de reten-
tissement et nos heures de récompense? Nos idées, quoique si faiblement et si rapidement exprimées sur des
demi-pages, n'ont-elles pas souvent été recueillies avec
une bienveillante attention par la presse centrale, et re-
portées d'échos en échos jusqu'à la conscience des hommes de bien et de liberté dans tout le royaume? A-t-on
demandé à nos pensées leur certificat d'origine? Ne se
sont-elles pas naturalisées souvent dans tous les départe-
ments? Ne sommes-nous pour rien enfin dans ces *ban-
quets nationaux* dont nous avons donné le premier signal
et le premier exemple avec des proportions qui n'ont pas
encore été dépassées? Ne sommes-nous pour rien dans
ces manifestations constitutionnelles et pacifiques, symptôme de l'association des opinions qui commencent à par-
courir la France, comme un premier frisson du vent de
l'esprit public, qui avertit salutairement le navigateur
avant les tempêtes?

Quoi qu'il en soit de nos modestes prétentions, le *Bien
Public* vit et vivra sans jamais compter ce que la vie lui
coûte tant qu'il la croira utile au peuple et au pays. Chaque séance annuelle de ses fondateurs est un démenti
donné à ce prétendu découragement de l'esprit national
dont on accuse la France en la calomniant, et un démenti
aussi aux espérances des ennemis des progrès de la raison
humaine, de la révolution bien comprise et de la liberté
bien pratiquée.

Dans notre prochain numéro, nous établirons nos
principes et nous tracerons notre ligne pour 1848.

***

A NOS LECTEURS.

DÉCLARATION DE PRINCIPES.

(2me article.)

Au commencement d'une nouvelle année politique et à l'ouverture d'une nouvelle rédaction, il est peut-être utile de repasser légèrement la main sur nos principes pour enlever la poussière ou la rouille qui pourrait s'y être attachée, par notre faute, dans l'esprit de ceux qui nous lisent, et pour bien dire qui nous sommes à nos amis et à nos ennemis. Nous l'avons dit mille fois ; mais ce siècle a l'oreille dure ; ne nous lassons pas de le redire, puisqu'on ne cesse pas de nous le redemander.

Nous comprenons parfaitement, au reste, qu'on ne nous entende pas du premier mot. Ce temps s'appelle confusion ; les opinions sont une mêlée ; les partis sont un cahos ; la langue des idées nouvelles n'est pas faite encore ; rien n'est plus embarrassant qu'une bonne définition à donner de soi-même, en religion, en philosophie, en politique. On le sent, on le sait, on vit et on meurt au besoin pour sa cause, mais on ne peut pas la nommer. C'est la difficulté et le travail de ce temps de classer les choses et les hommes. Quand ils seront classés, les uns s'appelleront d'un nom, les autres d'un autre ; on se rangera, on se comptera, et la lumière sera faite. En attendant, il y a toujours un peu de ténèbres sur les opinions les plus nettes et sur les consciences les plus sincères. Essayons d'y jeter une clarté de plus.

Tacite disait que dans les temps de révolution, le plus difficile pour un homme de bien n'était pas tant de faire son devoir que de le connaître. C'est notre histoire qu'il ècrivait là. En effet, il ne suffit pas aujourd'hui , comme dans les bons temps où deux idées bien définies luttent corps à corps pour se disputer la domination du monde, de dire : Je suis *royaliste* ou *républicain, aristocrate* ou *démocrate , guelfe* ou *gibelin , bleu* ou *blanc.* Il n'y a pas un seul homme pensant où il n'y ait un peu de tout cela à la fois, et dont la pensée ne soit un composé complexe de toutes les portions d'erreurs et de toutes les portions de vérités que chacune de ces dénominations de parti rappelle. Le monde a brouillé son catalogue. La vérité politique n'est plus tout d'un mot. Pourquoi? Le voici.

Nous sommes en politique un sol d'alluvion. Nous succédons à des révolutions, à des réactions, à des essais fugitifs de gouvernement qui n'ont pas permis à une idée entière de rester debout dans l'esprit des hommes. L'ancien régime, la république, le jacobinisme, le gouvernement militaire et prétorien du consulat, l'empire, la révolution de 1830 ont laissé après eux sur notre sol un fouillis de préjugés , de passions , d'idées, de souvenirs , de regrets, de ressentiments, de systèmes confus et contradictoires, à travers lequel il est prodigieusement difficile de discerner par l'intelligence la vérité politique; audessus duquel il est plus difficile encore de s'élever par le caractère pour découvrir l'horizon vrai de l'avenir , et pour y marcher droit, tantôt avec le gouvernement, tantôt contre lui , tantôt avec les oppositions , tantôt contre elles, aujourd'hui populaire, demain méconnu et décrié.

Et cependant dites-nous d'un mot, vous, hommes de bonne foi, qui nous accusez d'obscurité : où est cette vérité politique? Est-ce la vérité politique que cet ancien régime, trinité de trois tyrannies, l'Eglise, la Noblesse et le Trône, où chacune de ces trois puissances détestait et rêvait continuellement d'abattre l'autre; mais où toutes se liguaient au besoin pour l'asservissement intellectuel et matériel du peuple?... Est-ce la vérité politique que la démagogie républicaine de 1793, ne propageant ses vérités que le glaive à la main, par la proscription et par la terreur, et ne réprimant l'anarchie que par l'échafaud?... Est-ce la vérité politique que ce consulat dispersant devant des baïonnettes la souveraineté nationale, traitant la liberté d'un grand peuple comme une sédition de caserne , et donnant à la patrie de l'Assemblée Constituante le gouvernement d'un camp?... Est-ce la vérité politique que la *Restauration* octroyant d'abord une charte, feuille déchirée du beau livre de la révolution de 89, puis tremblante devant son propre ouvrage, vaincue par l'esprit de cour et par l'esprit d'Eglise, et se précipitant de peur dans l'abîme d'un coup-d'état contre le sens commun?... Est-ce la vérité politique, enfin, que le gouvernement de Juillet inauguré comme une royauté de la liberté, chargé de créer et de fortifier par un exercice régulier les organes encore faibles de la démocratie, d'étendre la souveraineté nationale à tous les citoyens, de donner à chacun son rôle, sa voix, son droit dans le gouvernement de la raison et de la volonté de tous; puis, au lieu de cela, restreignant, intimidant, rivant, mutilant de jour en jour davantage ces organes; se substituant partout, lui, et une étroite olygarchie, à l'action de trente-cinq millions d'hommes, osant distinguer dans le peuple un *pays légal* et une nation apparemment *hors la loi!* et réduisant tout le mécanisme de l'institution démocratique à une bourgeoisie régnante, au lieu d'une démocratie couronnée!

Non, rien de tout cela n'est la vérité politique. La vérité politique pour nous, ce n'est ni le trône, ni la dynastie, ni l'aristocratie, ni le clergé, ni l'armée, ni la bourgeoisie, ni la démagogie, ni le parlement; c'est le peuple. C'est la raison, le droit, l'intérêt, la volonté de ces trente-cinq millions d'hommes sans en exclure, sans en préférer, et sans en privilégier aucun, apportant chacun avec eux leur titre de souveraineté morale signé au ciel dans leur titre d'homme, contresigné sur la terre dans leur titre de citoyen, et dont le droit, la capacité et la volonté exprimés, et régularisés, forment ou doivent former ce qu'on appelle gouvernement. En un mot, nous sommes démocrates comme la nature et comme l'Evangile. La vérité est pour nous la démocratie organisée en société civile et en gouvernement politique. Tout le reste est fiction, sophisme, mensonge, tyrannie. La fiction n'a qu'une apparence, le sophisme n'a qu'une face, le mensonge n'a qu'un temps, la tyrannie n'a qu'une arme, qu'on lui brise tôt ou tard dans la main. Les gouvernements vraiment solides ne peuvent porter que sur une vérité complète. Le gouvernement démocratique sera le gouvernement éternel de l'avenir vers lequel nous marchons : telle est notre foi.

Mais la démocratie ou le gouvernement du droit, de la volonté et de l'intérêt du peuple entier, exclut-il donc selon vous, nous dit-on, la forme unitaire au sommet et toute espèce de souvenir, de concentration ou de décoration monarchique dans un pays de souveraineté du peuple? En un mot, êtes-vous des factieux d'idées rompant avec les institutions de votre pays, et déclarant haine et guerre au gouvernement de votre temps, au lieu de lui porter force, conseil et concours comme à la forme voulue acceptée ou imposée par la nation dont vous êtes citoyens? — Nous, nous ne sommes rien moins que des factieux d'idées ; nous savons compter avec les hommes ; nous savons nous plier aux temps ; nous savons compatir aux mœurs ; nous savons calculer la force des traditions ; nous savons ce que quatorze siècles d'habitudes pèsent contre le poids d'une vérité absolue dans l'esprit d'un peuple ; nous savons qu'on ne refait pas la langue politique d'un pays en trois jours ; nous savons enfin que les transitions sont les arches de pont de l'esprit humain pour passer d'un ordre de choses à un autre sur l'abîme des révolutions sans y tomber ; nous savons de plus que la dénomination et le mécanisme des gouvernements sont indifférents aux sages, pourvu que ces gouvernements accomplissent en réalité l'œuvre qu'ils doivent accomplir ; qu'il y a des monarchies libres et des républiques despotiques ; que la souveraineté du peuple peut conserver une magistrature héréditaire au dernier degré de sa pyramide de pouvoirs électifs, sans abdiquer pour cela sa nature ; qu'elle peut laisser le nom de royauté représentative à cette magistrature par une condescendance de principes envers les habitudes qui rassure l'œil des timides, sans inquiéter l'esprit des forts. J. J. Rousseau, le prophète de la démocratie moderne, que disait-il lui-même, en s'expliquant comme nous sur ses théories politiques? Il disait : « L'essentiel pour moi, c'est « que les lois justes règnent, les fondements de l'Etat sont « les mêmes dans toutes les formes de gouvernement. Je « donne la préférence à celui de mon pays; je ne donne l'ex-« clusion à aucun ; au contraire, chacun a sa raison d'être « qui peut le rendre préférable à tout autre selon les temps,

« les lieux, les hommes, les circonstances.» Nous pensons comme J.-J. Rousseau. Si la monarchie représentative veut servir la raison humaine, avancer la pensée de Dieu et la liberté, travailler au bonheur du peuple, faire grandir et régner sous son nom la démocratie, nous servirons loyalement et religieusement nous-même la monarchie représentative. Elle a ses dangers, nous les voyons ; mais elle a ses avantages ; il ne dépend que d'elle de nous en convaincre. En un mot, si nous étions républicains comme philosophes, nous saurions être monarchiques comme citoyens.

Or, que demandons-nous en ce moment à ce gouvernement pour lui prêter un concours sincère ? Nous lui demandons ce que la Révolution, dont il est le produit, lui a donné mission de donner en lois à la France et en exemple au monde, sous peine de trahison et d'apostasie :

La souveraineté exercée du peuple ;

Le droit électoral réparti à tous les citoyens ;

Les assemblées primaires nommant des électeurs pour une fonction temporaire ;

Les électeurs nommant les représentants pour un temps limité ;

Les représentants, non pas livrés à la merci des corruptions des ministres, mais salariés par le peuple, pour enlever tout prétexte à leur servilité ;

Les fonctionnaires à leur poste, et non dans les chambres où ils jouent deux rôles incompatibles, celui de contrôleurs et de contrôlés. Pas d'autre loi pour les exclure, celle-là suffit ;

Une assemblée nationale ;

Les ministres nommés dans l'urne par la majorité que la chambre leur donne ou leur retire ;

La dynastie sans autre privilége que le trône ;

Le roi inviolable ;

Les princes simples citoyens ;

La liberté réelle des cultes par la séparation de l'Eglise et de l'Etat ; la liberté d'association et de cotisation volontaire en matière religieuse, pour seul budget des consciences affranchies ;

La liberté d'enseignement absolue à cette condition, sauf la police des mœurs dont l'État ne doit jamais se dessaisir ;

La liberté de la presse par la révocation des lois de septembre ;

La sécurité du siége de l'assemblée nationale garantie par une loi de prudence contre l'abus des fortifications de Paris ;

Une armée permanente, et une armée de réserve qui soit le pays militaire en disponibilité ;

Une loi de justice qui répartisse avec égalité les charges du recrutement ;

La paix ; mais la France à son rang dans la paix comme elle y fut dans la guerre ;

La France alliée naturelle et avouée de la liberté des idées et des peuples dans tout l'univers ;

L'abolition de l'esclavage partout où flotte le drapeau français, qui porte un principe ou qui ne porte rien ;

L'organisation de l'enseignement gratuit sur la base la plus large pour le peuple ;

La fraternité sociale en principes et en institutions ;

La liberté progressive du commerce et des échanges ;

La vie à bon marché par la réduction des taxes qui pèsent sur les aliments ;

Une taxe des pauvres malgré les calomnies dont l'égoïsme des économistes cherche à décréditer cette institution ;

Les enfants trouvés adoptés par l'Etat, et non repoussés dans la mort par l'inquisition sur les naissances, et par la fermeture des tours ;

L'extinction de la mendicité, des asiles pour les infirmes, des ateliers de travail pour les valides ;

La charité sociale promulguée en nombreuses lois d'assistance à tous les besoins, à toutes les souffrances, à toutes les misères du peuple ;

Un budget de la libéralité de l'Etat ;

Un ministère de la bienfaisance publique ;

Un ministère de la vie du peuple, etc., etc., etc.

Que le gouvernement entre dans ces voies et nous l'y suivrons sans lui demander s'il porte une couronne, une tiare, ou un chapeau.

Mais si le gouvernement, pour être appuyé, honoré aimé, servi par nous, doit être l'instrument de la souveraineté nationale, de la dignité du pays, de la probité des lois, de la bienfaisance de l'Etat envers tous ses membres, disons notre pensée tout entière, ce n'est pas encore assez pour nous ; il doit être avant tout et par-dessus tout l'instrument de Dieu et le promoteur actif et initiateur de la raison humaine.—Qu'est-ce que cela veut dire? — Cela veut dire qu'à nos yeux le gouvernement d'une nation comme la France, le lendemain d'une révolution destinée à renouveler la face du monde, ne doit pas être un simple mécanisme chargé de procurer de la sécurité, de la liberté, de l'égalité, du travail et du pain à une nation ; mais qu'il doit être un grand et actif apostolat de lumière, de vérité et de raison pour la France et pour l'humanité tout entière. L'ordre, la paix, la liberté, la richesse, la vie, sont de bonnes choses, sans doute, mais il y a des choses au-dessus de toutes ces choses et qui les donnent toutes *par surcroît* aux nations, comme dit l'Evangile. Ce sont les idées ! Le gouvernement de la France de 1789 et de 1830, le gouvernement du xixe siècle a ses premiers devoirs envers les idées pour le service et pour le salut desquelles il a été fondé. Expliquons nous :

Nous sommes spiritualistes en politique, c'est-à-dire que de même que nous mettons dans l'individu les intérêts de l'âme bien au-dessus de ceux du corps, nous mettons l'âme des peuples bien au-dessus de leur organisation matérielle. Nous croyons que les peuples ont une âme que la civilisation et les gouvernements ont mission d'éclairer, de développer, de grandir, de fortifier, de spiritualiser, de sanctifier de siècle en siècle davantage par l'adoption et par la propagation continue des *idées*, produit intellectuel et moral, patrimoine accru sans cesse, splendeur, grandeur, force, vérité, dignité, sainteté de l'esprit humain. Que s'ensuit-il? Il s'en suit que le gouvernement de la France, de la révolution philosophique, morale, religieuse et politique de 89, doit être l'expression de ces principes, ou se déshonorer, et déshonorer la nation et la révolution, en jetant la France dans le plus sordide et dans le plus abject matérialisme de cœur, et en disant à Dieu et aux peuples : « Périssent les idées, pourvu que je vive ! »

Et qu'importe à Dieu et aux hommes que vous viviez, si vous vivez et si vous faites vivre les peuples des idées fausses que vous aviez pour mission de la Providence

d'écarter de la main, de la bouche et de l'âme des géné-
rations? Qu'importe à Dieu et aux hommes que vous
viviez, si vous achetez chaque jour de cette vie précaire
comme des naufragés dans la tourmente, au prix
d'une de ces vérités philosophiques, sociales, politiques que vous jetez par-dessus le bord, pour alléger
votre gouvernement de quelques difficultés? Qu'importe à Dieu et aux hommes que vous viviez, si la
raison humaine ne vit pas avec vous, en vous, et par
vous? Qu'importe à Dieu et aux hommes que vous
viviez, si vous ne vivez que de l'esprit du passé, au
lieu de vivre et de faire vivre la France et l'Europe
de l'esprit de l'avenir qui a soufflé à la fin du dernier siècle pour animer le siècle nouveau? Faites votre
choix entre le moyen-âge et le XIXe siècle : soyez le
gouvernement de la philosophie ou le gouvernement du
préjugé; avouez la Révolution pour votre mère, ou ré-
pudiez son nom. Ne ramenez pas la nation sur ses pas,
elle n'y trouvera que des fictions et des ombres; ne con-
tinuez pas cette naturelle mais trop longue réaction de
la peur contre l'éruption des plus éclatantes vérités qui
aient jamais éclairé le monde dans l'*Assemblée Constituante.*
Ces vérités inscrites sur le drapeau de 89 sont assez pures
pour que vous ne rougissiez pas de les professer et de
les défendre. Emancipation de l'esprit humain par la liberté de pensée; émancipation de l'âme individuelle par
la liberté d'examiner et de croire; conscience restituée à
Dieu par l'autorité civile; affranchissement réciproque de l'Etat par l'Eglise et de l'Eglise par l'Etat;
suppression des priviléges; égalité des droits de
l'homme; famille nationale sans primogéniture entre ses
enfants; ennoblissement du peuple tout entier par le titre de citoyen; souveraineté de chaque citoyen par le
droit d'élire; représentation une et universelle; peuple
roi; opinion régnante; royauté exécutive; politique spi-
ritualiste fondée sur l'abnégation des conquêtes et sur la
paix; respect du sang des hommes; religion de l'humanité; fraternité générale des peuples; avènement du
genre humain à l'âge de raison; pouvoir fort de sa justice; gouvernement élevé à la dignité de vertu publique;
véritable christianisme politique en action : voilà cette
philosophie qui doit donner le sens et l'âme à vos insti-

{utions! Voilà le jacobinisme de Fénelon ! C'est le nôtre ;
c'est sur ce texte que nous continuerons à juger acte par
acte le gouvernement de 1830. S'il s'en rapproche, concours ; s'il s'en écarte, avertissement et opposition ; s'il
les renie, guerre !

Telle est notre foi ; tels sont nos principes, tels seront
nos actes.

***

Mâcon. — Imprimerie de H. Robert.

SITUATION

DE

L'A FRANCE A L'EXTÉRIEUR

EN 1847.

(3me article.)

Nous avons parlé du dedans dans nos deux précédents articles, parlons aujourd'hui du dehors. Jetons un regard sur la situation que nous pouvions avoir en Europe et sur celle que le gouvernement de Juillet nous a faite ; les affaires étrangères ne se jugent pas seulement par le sentiment et par le bon sens, il y faut une étude de l'Europe et une connaissance approfondie des intérêts des cabinets avec lesquels nous avons à traiter. Le temps n'est plus, et Dieu veuille qu'il ne renaisse jamais ! où toute la politique internationale de l'Europe était dans la tête d'un seul homme, et où le poids d'un million de baïonnettes françaises faisait trébucher à son gré toutes les balances de l'équilibre européen. Les monarchies universelles militaires coûtent cher et durent peu ; et de plus, la monarchie universelle d'une nation est l'oppression de toutes les autres. Ce n'est pas la politique du droit, de la justice et de la paix, à laquelle nous nous sommes constamment attachés. Nous croyons que la justice et le droit sont les conditions de la paix, et que la paix est la condition de la liberté. Aussi avons-nous toujours professé la paix, non pas seulement au nom de l'humanité, qui est bien quelque chose, mais au nom du salut et du progrès de la Révolution. En cela nous avons été, quant au fond, presque toujours d'accord avec le gouvernement.

1830 étant donné, il n'y avait que deux partis à prendre : ou faire explosion et invasion sur l'Europe entière, ou rentrer avec un drapeau et une dynastie changés dans l'engrenage du mécanisme européen. — L'explosion sans provocation ? Elle n'était pas juste, elle aurait ressemblé à une vengeance de 1815, à une aspiration nouvelle et violente à la domination universelle de l'Europe, à un bouleversement systématique de la géographie, des lois, des trônes, des mœurs, des nationalités par la France. De plus, elle n'était pas opportune : la France n'était pas prête. On fait une révolution de 1830 en trois jours ; on fait une guerre défensive de 1792 avec le seul enthousiasme ; on ne fait une guerre universelle et offensive qu'avec des armées soldées, nombreuses et aguerries. Nous ne les avions pas. On n'improvise pas la monarchie universelle ; la paix était une nécessité autant qu'une prudence alors. Ce sera le beau titre historique de la France et du gouvernement de Juillet que de l'avoir compris ; mais la paix n'est pas la léthargie de la pensée et de la diplomatie d'un peuple. Il fallait veiller, regarder, penser, prévoir, nouer des alliances, établir des points d'appui au levier français pour l'heure et pour les occasions d'agir que le temps devait amener au bénéfice de la France. Ces occasions ne pouvaient manquer ; le temps n'est que la succession de l'imprévu.

Ces occasions ne manquèrent pas en effet. La Pologne s'agita, l'Italie palpita, la Hollande et la Belgique se déchirèrent ; l'Espagne eut quelques convulsions de plus de la lente agonie de sa monarchie monacale ; le royaume de Belgique fut créé. Il fut, quoi qu'on en dise, une concession à la France, une nationalité indépendante, neutre, amie, sur notre frontière, au lieu d'un camp de manœuvres de la coalition contre nous, tel qu'il avait été dessiné et armé en 1815. L'Europe se rassit, la France respira plus librement de ce côté, deux ans s'écoulèrent.

Mais la question des questions surgit dans le monde. L'empire ottoman tremble sur sa base de l'autre côté de la Méditerranée. — L'Egypte, la Syrie, la Caramanie, l'Arabie, l'Asie-Mineure, les îles, les continents s'en détachèrent d'eux-mêmes, et tendirent comme la Grèce à reprendre une vie propre et indépendante sur des sols vierges et avec des populations pleines de sève, après le reflux de l'invasion ottomane, qui se retirait épuisée de son ancien lit. C'était la grande heure de l'Europe !

l'heure prédite, attendue par Leibnitz, par Talleyrand, par Napoléon ; l'heure de la France de Juillet surtout! — Et pourquoi l'heure de la France de Juillet, nous dira-t-on?— Par une raison bien simple : c'est que la France de Juillet ne pouvant pas vouloir la guerre, n'avait d'espérance que dans un remaniement diplomatique. Or, la chute de l'empire ottoman était la plus grande occasion de remaniement diplomatique que la Providence ait jamais offerte aux hommes d'Etat européens et surtout français.

En effet, la France, dont le consentement était indispensable à un arrangement européen de ces territoires et de ces mers, et à une distribution, sinon des débris, au moins des influences et des protectorats de tous ces peuples en liquéfaction autour de la Méditerranée, la France pouvait faire de ce consentement la condition de son alliance, soit avec l'Angleterre, soit avec la Russie. L'une et l'autre de ces deux puissances la lui offraient pour prix et pour gage d'une action commune en Orient. En acceptant l'une ou l'autre de ces alliances, la France rompait le système européen en deux. Elle avait la moitié des puissances contre elle, l'autre moitié avec elle. Elle marchait à la tête d'un système d'alliés indissolubles. La coalition des cabinets, toujours unis contre nous par la question du principe révolutionnaire, était à jamais dissoute par une question de territoire et de navigation. L'ordre nouveau était fondé, et la France y reprenait sa grande place, sans guerre ; *novus rerum nascitur ordo !*

Rien ne fut compris, rien ne fut accepté, rien ne fut osé. La question fut résolue pendant nos indécisions, sans nous, malgré nous et contre nous! La France resta sans alliés et sans système, avec l'inimitié et avec le mépris de tous les cabinets, de plus. L'Angleterre et la Russie, voyant qu'il n'y avait rien à espérer de nous, se lièrent de colère et de désespoir entre elles, et ajournèrent pour un siècle leur prétendu conflit aux Indes et en Perse !.. Ces années fatales, ces transactions déplorables, ces pensées courtes, ces actes contradictoires, cette politique à double visage et sans main, ces menaces sans effet, ces démonstrations de faiblesse, ces sorties sans intelligence et ces rentrées sans dignité dans le concert européen, cette abdication de l'Orient, resteront dans notre histoire comme l'humiliation éternelle de la diplomatie française entre les mains des hommes d'Etat de 1830 ! Cette humiliation, nous l'avons pleurée avec des larmes, et le Liban la pleure avec son sang !

Voilà où nous en étions de nos rapports avec l'Europe en 1840, date mémorable de la séquestration de la France, de son ostracisme volontaire, et de son isolement diplomatique indéfini au milieu de puissances fortes, actives, croissantes et unies entre elles par la haine commune de notre nature révolutionnaire ; c'était une triste situation à supporter, mais il y avait quelque chose de plus triste encore ; c'était de la supporter sans dignité et sans prudence ; c'était enfin de l'aggraver par un de ces actes téméraires et irréfléchis qui ferment toute porte aux réconciliations. C'est ce qui nous arriva par les mains mêmes du cabinet chargé par le roi et par les chambres de réparer les fautes du cabinet précédent.

L'homme d'Etat appelé à diriger les affaires étrangères dans un sens inverse du cabinet de 1840, avait été lui-même un des membres les plus actifs de cette *coalition parlementaire*, qui avait arraché le pouvoir presque *tumultuairement* des mains du ministre *Molé*. Cet homme d'Etat avait irrité et inquiété l'Europe pendant la coalition, par de bouillantes démonstrations de tribune contre la longanimité du cabinet pacifique de M. *Molé*. Il avait dans son attitude et dans ses paroles agité la guerre dans les cœurs humiliés. C'était peu ; il avait accepté le rôle d'ambassadeur du cabinet de 1840. Il avait trempé à ce titre dans toutes les négociations très aigries à Londres au sujet de l'Egypte et de l'empire ottoman ; il avait dû adopter sur cette question, comme ambassadeur, la politique égyptienne et provoquante du cabinet qu'il représentait. Il avait échangé à cet égard avec les puissances négociatrices les notes les plus acerbes. Enfin il avait été trompé au terme de sa négociation par l'Angleterre et par la Russie lassées de nos indécisions ; et le traité qui mettait la France hors de l'action commune en Orient avait été signé à l'insu de cet homme d'Etat, au moment où il écrivait à son gouvernement d'être tranquille. Une vive et mutuelle aigreur devait donc naturellement préexister entre ces hommes d'Etat et les hommes d'Etat de l'Angleterre, à l'époque où il rentrait à Paris pour y diriger le cabinet français. Une contradiction criante existait entre le rôle que cet homme d'Etat venait de jouer dans la coalition parlementaire en France, dans la négociation ottomane à Londres, et le rôle qu'il était appelé à remplir à Paris. C'était l'homme de la coalition chargé de combattre à la tribune ses amis de la veille dans la coalition ! C'était l'ambassadeur du cabinet de 1840, chargé de réfuter devant la chambre et devant l'Europe la politique de 1840 ! C'était l'homme des notes belliqueuses échangées par ses mains à Londres, en faveur de l'Egypte, chargé de désavouer la politique égyptienne et de proclamer la paix ! Ce rôle était rude et scabreux pour lui ; il y a plus, ce rôle était téméraire et dangereux pour la politique de son pays. Quels que soient la haute valeur, le talent, la considération, l'autorité morale d'un homme, il y a quelque chose de plus fort que son individualité : C'est sa situation. Sa situation était fausse, et pour la rectifier dans sa personne, cet homme d'Etat devait être entraîné à la fausser davantage dans la politique de son pays.

D'abord, il fallait se faire pardonner à Paris, à Londres, en Europe, d'avoir été l'orateur et l'ambassadeur d'un cabinet qui avait agité la guerre. Pour cela il fallait exagérer la paix. Il fallait précipiter à tout prix la réconciliation et ce qu'on appelle la *rentrée dans le concert européen*. Cela fut fait comme on sait, avec une hâte et une abnégation de dignité nationale dont la France n'aime pas à se souvenir ! Notre nom en Orient y périt. Notre rang dans le monde y fut éclipsé. Notre pavillon s'écarta de ces mers pour ne pas assister à ce spectacle. Nos protégés chrétiens en Syrie furent livrés à leur malheureux sort : on connaît ce sacrifice de la nation maronite à la nécessité. La France eut sa *parga* comme l'Angleterre ; seulement notre douleur et notre tache s'étendirent sur un plus grand continent, et le sang d'un peuple ami et dévoué à la France cria sur tout le Liban contre nous !

Ce n'était pas assez ; il fallait colorer ces sacrifices d'une apparence d'entente cordiale et d'alliance intime et active avec l'Angleterre. Il fallait, disons le mot, jouer la comédie de l'alliance anglaise devant la France,

afin de la rassurer et de l'édifier sur la solidification de
la paix. Mais, de plus, cette comédie, il fallait la jouer
seul, car le cabinet de Londres ne consentait pas à y
prendre un rôle. Pour cela que fit-on?

On exhuma des cartons une question humanitaire et
sainte que l'Angleterre a la gloire d'avoir la première
proclamée et accomplie au salut des hommes et à la
gloire de Dieu : L'abolition de la traite des noirs. On
signa avec elle un nouveau traité de répression collectif
de cet odieux trafic de chair humaine. L'intention du
cabinet français était bonne en soi; nous ne sommes pas
de ceux qui la lui ont reprochée. La cause de l'humanité
est à nos yeux au-dessus de celle de la vanité des pavillons. Les pavillons s'honorent par leurs œuvres et non
par leurs susceptibilités. L'intention était droite devant
Dieu. Elle était maladroite devant la France. Ce n'était
pas l'heure de rapprocher les mains de l'Angleterre et de
la France qui venaient de se froisser si rudement. Le
conflit devait naître à l'instant : il naquit. La France
s'indigna de ce qu'on voulait la subordonner à l'Angleterre. Les chambres déchirèrent le traité. Le ministre
fut obligé de le désavouer lui-même. La désaffection
s'accrut entre les deux nations, et les pauvres noirs furent
plus livrés que jamais à la spoliation de leur race entre
l'ancien traité qui n'existait plus, et le nouveau qui
n'existait pas encore.

Cette scène manquée, on en essaya une autre. On se
dit sans doute : il faut consoler un peu la France de ses
humiliations dans les quatre parties du monde ; cher-
chons une compensation dans la cinquième. On aperçut
avec la loupe sur la carte de l'Océanie un point imper-
ceptible, un îlot égaré sur les mers, une *curiosité* de
navigateur. On résolut de la disputer à l'Angleterre, qui
n'avait jamais daigné l'occuper. On prit *Taïti*. On s'y
querella avec un missionnaire méthodiste. On faillit
avoir la guerre avec l'Angleterre pour une tête d'épingle,
quand on n'avait pas voulu l'avoir pour des continents
et pour l'Océan. Enfin on indemnisa le missionnaire, et
la France fut quitte de sa gloire pour trente mille
francs une fois payés, et pour quelques millions de son
trésor et quelques milliers de vies de ses enfants que lui

coûtera tous les ans et à tout jamais ce nid à querelles!
Ce fut notre troisième acte.

Les deux autres devaient être plus sérieux. Le gouvernement, alors constitutionnel et modéré de la reine
Christine chancelait en Espagne. On y invoquait le
secours de la France pour y affermir l'ordre naissant et
la liberté contre l'usurpation militaire. Le traité de la
quadruple alliance engageait la France à soutenir, conjointement avec l'Angleterre, le système constitutionnel
dans la Péninsule. L'heure de cette action commune était
arrivée. La France s'y refusa. Elle laissa fuir la reine et
la constitution à Paris. On éluda un traité pour nouer
une intrigue. On déchira la quadruple alliance pour la
remplacer par le contrat de mariage Montpensier. On
signifia ce mariage à la France comme une victoire de
notre politique; la France y fut un moment trompée.
Elle trompa même des hommes politiques qui crurent
voir derrière cette audace le courage de la soutenir.
Hélas! qu'en pense la France aujourd'hui? Mais surtout
qu'en pensera-t-elle dans dix ans? Nous l'avons dit à
l'époque de cette fatale transaction à nos lecteurs. Ce fut
l'engagement de la sûreté et de la liberté de notre politique pendant vingt ans. Ce fut la paix du monde mise en
gage à Madrid pour l'éventualité d'une couronne de plus
dans la maison de Bourbon. Aucune dynastie, pas même
celle de Louis XIV, ne coûta une telle rançon à son pays.

La politique française était d'exclure et non de prétendre en Espagne. Jamais l'Europe ne verra impunément
deux couronnes de famille à la fois sur le front de la dynastie de Juillet. Cette prétention a épuisé la France de
sang, lassé et flétri la vieillesse de Louis XIV, la terreur
de l'Europe! Cette prétention a trompé Napoléon, maître
du monde! Un million d'hommes n'a pu lui garder cette
proie. Il a été obligé de la remettre lui-même, en 1813,
sur le tapis du congrès de Châtillon, où il demandait la
paix. Une intrigue de ménage pourra-t-elle donc ce que
n'ont pu tenter impunément ni le prestige de Louis XIV,
ni le génie et l'épée de Napoléon? Et si cette nouvelle
guerre de succession, désormais toujours ouverte devant
nous, venait à éclater et à réussir, à quel prix incalculable d'or, de sang et de vraie politique la France aurait-
t-elle ajouté une couronne de plus au mobilier de sa

couronne? Le mariage espagnol n'est qu'un procès éternel que la témérité dynastique des ministres français a intenté à l'Europe ; qui place un éternel dissentiment entre l'Angleterre et nous ; qui ne sera jugé que par une guerre de succession faite par une nation au profit d'une famille ; qui ne coûtera pas moins cher à la France s'il est gagné que s'il est perdu ; qui interdit à la France toute pensée, toute action, toute liberté de mouvement, tant qu'il n'y aura pas d'héritiers majeurs de la reine Isabelle , entre le trône d'Espagne et les Tuileries ; et qui enfin nous force à abandonner toutes les occasions et toutes les causes libérales ou nationales en Europe, pour ne pas nous distraire de cette cause d'agrandissement dynastique que le ministère a désormais substituée à toutes les causes de nationalité pour nous.

Pour colorer ce mariage d'une témérité politique, le ministère eut l'air d'être sûr de retrouver au Nord l'alliance qu'il venait de déchirer avec l'Angleterre. Le Nord ne voulut pas lui laisser huit jours son illusion. La république de Cracovie fut effacée audacieusement de la carte de l'Europe. Ce fut la réponse du Nord à nos avances. Le ministère et la France furent étourdis de ce coup de poignard au cabinet des Tuileries à travers le cadavre de la Pologne ! — Voilà notre crédit au Nord.

Ajoutez à cela *cent mille hommes* tenus systématiquement en faction en Algérie pour garder l'Atlas à vue ! vous aurez le double secret de notre impuissance diplomatique et de notre immobilité !

Nous en montrerons tout-à-l'heure les conséquences dans les deux affaires présentes à l'Europe, la Suisse et l'Italie.

A NOS LECTEURS

La France a eu cette année deux affaires sur lesquelles sa politique étrangère a été forcée de se caractériser. L'affaire suisse, l'affaire d'Italie; parlons d'abord de la principale : l'affaire d'Italie.

Au moment d'en parler on ne peut s'empêcher de payer un tribut de respect et de pieux attendrissement au pontife qui est à lui seul l'origine, l'occasion, le nœud de toute cette question italienne. Quelle étonnante et presque miraculeuse péripétie des choses humaines! C'est la cloche du dôme de Saint-Pierre qui sonne tout-à-coup dans le sommeil des peuples le tocsin de l'indépendance italique! C'est le cierge du Vatican qui allume la torche de la liberté de l'Italie! C'est l'homme de paix qui tire le glaive! C'est le docile instrument des volontés de l'empire qui devient le *Rienzi* couronné de la Rome moderne, et qui dit à l'ombre de son peuple : Levez-vous, et ralliez l'Italie éparse et enchaînée autour de vous!...

Nous ne sommes pas de ceux qui se font à volonté les illusions de leurs désirs; nous ne sommes pas de ceux qui croient qu'on ressuscite un peuple en soufflant son âme sur lui comme Elysée sur l'enfant de la veuve; nous ne sommes pas de ceux qui voient déjà l'Italie entière battant des mains à son souverain pontife, secouer tout-à-coup les huit ou dix dominations qui la disloquent, forcer ses princes, vassaux de l'Autriche, à marcher contre leur suzerain, s'armer, se rallier, s'aguerrir, combattre, se fondre, s'organiser en une seule et invincible nationalité, et rejeter du premier geste au-delà de l'Adige et des Alpes les Germains. Nous croyons même très fermement, parce que nous avons étudié vingt ans l'Italie sur son propre sol, que la souveraineté temporelle d'un pape au centre de la Péninsule, comme le corps étranger dans le tronc, est l'obstacle organique et presque insurmontable à l'unité active, solide et indépendante de l'Italie sous une seule domination : un enfant le comprendrait si nous l'expliquions ici. Nous ne voulons pas attrister l'espérance; mais quel que soit le sort de la tentative inattendue dont le monde est ébloui, le nom de Pie IX honoré par son entreprise, illustré par son courage, consacré par son patriotisme, béni de la religion comme pontife, béni de la liberté comme tribun, béni de la patrie italienne comme patriote, n'en restera pas moins dans l'histoire un talisman vénéré que l'Italie agitera aux yeux de ses peuples dans les tristesses de son attente, et proclamera dans sa reconnaissance aux jours de sa véritable résurrection!

Depuis la chute de l'empire romain, le reflux des barbares ne s'est jamais tout-à-fait accompli en Italie. L'Allemagne, l'Espagne, la France, la papauté vassalle alternative de ces trois puissances, la maison de Savoie, s'en sont continuellement disputé les lambeaux. Mais chose merveilleuse! aucun de ces peuples ne s'y est jamais naturalisé. L'Italie, quoique ravagée et asservie, est restée italienne; il semble que ce sol repousse les étrangers comme le sol d'Égypte, et qu'il est donné à tout le monde de le traverser, à personne de s'y établir à la place de l'antique et illustre souche! Ce n'est plus la reine des nations, c'est encore la reine des races. Sève, intelligence, beauté physique, héroïsme individuel dans l'affaissement du caractère national, sentiment de la liberté, souvenir de sa grandeur, dignité de son infortune, remords de son asservissement, aspirations à se venger du sort, mépris de ses maîtres, amour des lettres, monopole des arts, folie de la gloire, crimes, vertus, rêves, chimères, tout y est grand! Ces hommes sont les aînés de l'Europe; ils ont dans l'attitude, dans l'accent et sur le front, le sceau de leur droit et la majesté triste de leur primogéniture; leur cause est de celles vers lesquelles on se sent involontairement entraîné; ressusciter l'Italie suffirait à la gloire d'un peuple! Le seul moyen d'égaler les Romains dans l'Histoire ce serait peut-être aujourd'hui de les secourir et de les sauver! Heureux ce Washington de l'Italie future! Mais chose triste et cruelle à dire, il faut peut-être que ce Washington soit un étranger!

Pourquoi cela? Parce que, bien que l'Italie n'ait pas de véritables nationalités fortes, elle a encore les rivalités de ces nationalités qu'elle n'a plus! Le moyen-âge, en constituant en états et en républiques indépendantes, ses provinces démembrées du centre romain, à fait de l'Italie une mosaïque de petites puissances qui ont eu longtemps l'orgueil et l'individualité des grandes. Elle a encore huit ou dix peuples dans un peuple, huit ou dix capitales dans un sol. Entre Naples, Palerme, Milan, Rome, Florence, Gênes, Venise, Turin, qui choisira? qui régnera? qui se subordonnera à l'autre? Entre les caractères nationaux de ces différentes familles italiennes, entre leurs différentes formes de gouvernement, entre les rois, les ducs, les princes, les sénats, les chefs de ces différentes souverainetés, qui décidera? qui commandera? et surtout qui obéira? La difficulté d'une régénération de l'Italie sur le principe unitaire est là! Il faut que ces huit ou dix peuples se refondent tout entiers au creuset du patriotisme, de la guerre, et du temps, pour former une nation une et compacte. Au moment où nous sommes, une seule chose est possible : la Confédération de toutes les puissances italiennes en un faisceau d'états indépendants pour leur régime intérieur, réunis pour leur défense et pour leur liberté commune. Mais qui sera le lien du faisceau? Autre difficulté insoluble si l'on n'en cherche la solution qu'en Italie!

L'enthousiame catholico-libéral du moment pour l'intelligence, le courage et la vertu du pape, fait répondre de toute part « que ce soit le pape! » Nous voudrions que cela fût possible et que l'Italie eût un *Pie IX* éternel sur le trône pontifical, oracle pour le monde, souverain pour Rome, régulateur pour la confédération italienne! Mais examinons si cela est possible :

On s'est rarement rendu compte du mécanisme bizarre, compliqué, confus, du gouvernement de la papauté à Rome, considéré comme gouvernement temporel. Le voici défini en peu de mots : « Les vices de toutes les na« tures de gouvernement sans leurs avantages, réunis dans un seul gouvernement. » En effet, ne vous récriez pas, mais réfléchissez! Le gouvernement de la papauté temporelle à Rome est tout à la fois une théocratie ou le gouvernement d'un pontificat éternel, une oligarchie ou le gouvernement d'un petit groupe d'hommes influents dans l'État, les cardinaux; une monarchie, car le pape est roi; une République, car les chefs de l'olygarchie sacerdotale l'élisent et le déposent; une aristocratie, car les princes romains sont les vassaux du pape et les suzerains du peuple; une démocratie, car l'élection y est la principe de la souveraineté ; enfin , une domination par l'étranger, car les cardinaux , grands électeurs de cette monarchie élective, appartiennent à toutes les puissances de l'Italie amies ou ennemies de Rome, et à toutes les nations catholiques du globe étrangères aux intérêts de Rome.

Ainsi ce mode de gouvernement a les inconvénients , les faiblesses, les tyrannies, les désordres et les vices de la théocratie, de l'oligarchie, de l'aristocratie, de la démocratie , de la monarchie , de la république et de la domination étrangère. Mais il n'a aucun de leurs bénéfices ; et pourquoi? C'est qu'à tous ces vices, il ajoute le vice des vices en matière de gouvernement : l'instabilité. Il est temporaire , il est court , il est précaire , il est fugitif; l'oligarchie électorale des cardinaux , pressée, comme dit l'historien romain, de voir finir et de *dévorer ce règne d'un moment*, élit un vieillard , choisit une main débile pour avoir à la décharger plus tôt du poids du sceptre ; quelquefois elle se trompe, elle rencontre un *Sixte-Quint* ou un *Pie IX;* mais dans tous les cas, les pensées du pape fort ou jeune meurent avec lui. Il n'y a pas d'hérédité, ni de survivance de système , ni de constitution garantissant l'avenir dans un tel gouvernement ; le pape d'hier n'engage pas celui de demain. Les œuvres y sont personnelles ; la vertu y est viagère; les cardinaux appartenant aux puissances rivales ou ennemies de l'Italie se concertent pour élire un chef qui leur soit docile ou vendu ; la réaction contre le règne précédent commence avec le nouveau règne; le pape, dépendant des puissances pour les intérêts de son église comme pontife, est forcé d'en dépendre comme souverain italien ; l'Italie confédérée contre les puissances aurait pour centre et pour chef de sa Confédération l'allié obligé de ses ennemis ! Un tel système n'aurait pas un jour de sécurité. Ce serait la trahison perpétuelle de la patrie politique organisée au cœur de la nationalité. L'enthousiame peut rêver cet ordre de choses, le sang-froid le dissipe. Le cœur de l'Italie doit être italien. Le faisceau de la confédération doit être dans la main d'une puissance indépendante des ennemis de la patrie. L'unité italienne peut avoir un centre mobile, mais ce centre doit être exclusivement national. La Rome du pape est cosmopolite. C'est sa grandeur , mais c'est aussi sa faiblesse. La capitale du monde catholique ne saurait être la capitale exclusive des Italiens. Elle est plus, ou elle est moins; elle est la Rome du monde, mais elle n'est plus la Rome d'un peuple.

Ceux qui fondent l'indépendance de l'Italie sur le pape souverain de la Péninsule la fondent donc sur un rêve. Que serait une indépendance qui périrait avec son fondateur? *Pie IX* est un hasard, ou plutôt une providence; mais *Pie IX* est un coup du sort. Il faut le saisir comme on saisit un coup du sort, l'heureuse fortune de l'Italie, en remerciant le ciel, mais sans y compter deux fois! *Pie IX* est une inspiration, une occasion, un grand symptôme. Il s'est trouvé qu'un jour, dans les siècles des siècles, le patriotisme italien, souffrant, comprimé, frémissant dans les âmes de vingt-sept millions d'hommes, s'est incarné dans un homme de vertu, d'entreprise et de courage; que cet homme était pape; que cet homme, vénéré de la chrétienté comme pape, garanti contre l'intimidation des rois comme souverain, a osé et a pu jeter impunément le cri de l'indépendance italienne du haut de son trône et du haut de sa chaire, grand conspirateur à haute voix au milieu de l'Italie muette et du monde étonné! que ce cri a ébranlé toutes les fibres, depuis celles des princes jusqu'à celles du dernier mendiant dans cette terre assoupie, mais vivante; et que, depuis le pied des Alpes jusqu'à Messine, la grande tentation de la liberté, présentée par une main sacrée, s'est insinuée dans tous les cœurs, a remué toutes les pensées, armé tous les bras, passionné toutes les âmes libres et généreuses en Europe! que tout le monde a voulu être de la religion du pontife de la liberté! Eh quoi? n'est-ce pas assez pour un seul homme et pour un seul mot, d'avoir ainsi soulevé la pierre du sépulcre et fait dire à l'Italie : Je vis, — et à l'Europe : Je veux qu'elle vive?

Le pape a fait ce qu'il pouvait faire. C'était à nous de faire le reste. Ne nous le dissimulons pas; l'Italie ne peut rien seule dans son état présent. Elle est héroïque, mais elle n'est pas aguerrie. Elle a des hommes, mais elle n'a pas d'armées. Le Sicilien est intrépide; le Calabrais est infatigable; le Napolitain est fougueux; l'homme des Abbruzzes est sobre; le Romain de la campagne de Rome est un Vendéen du *Latium;* le Toscan est brave, docile, discipliné; le Génois est tirailleur et matelot; le Bolonais

est enthousiaste jusqu'au délire, et son délire est coura-
geux ; le Milanais est lent, ferme, mais solide au feu ; le
Vénitien est entreprenant et aguerri à la mer ; le Piémontais, le Savoyard et le Sarde sont les premiers soldats des guerres de montagnes que Napoléon ait signa-
lés dans ses armées. Mais rien de tout cela, à l'exception
des Piémontais et des Savoyards, n'est encore en ligne
devant les frontières de la patrie commune. Ni armées, ni
entente de la guerre, ni soldats, ni approvisionnements,
ni places fortes, ni chefs, ni unité, ni temps pour organiser ces patriotismes épars. Toutes les cantates ne sont pas
des *Marseillaises !* On frappe l'air avec tout ce bruit ; on
ne résiste pas à deux cent mille Autrichiens campés,
fortifiés, armés dans les plus grasses provinces de l'Italie,
et qui ont, hélas! l'expérience de 1821. Il faut donc une
armée toute faite pour couvrir l'Italie de respect pendant
qu'elle opérera sa régénération progressive sous la forme
de ligue italienne et de confédération solidaire de ses
différentes nationalités! Il le faut non-seulement pour
intimider l'étranger ; il le faut pour peser sur l'Italie elle-
même du poids d'une influence amie et pour contraindre
moralement tous ses princes à faire plier leurs rivalités
jalouses devant le salut commun de la Confédération.
En un mot, il faut un médiateur armé en Italie!

Ce médiateur! qui peut-il être? la Russie? Elle est
trop loin, et de plus elle est grecque. L'Angleterre? elle
ne peut donner que de l'or et des vaisseaux, et de plus
elle est protestante. L'Autriche? elle est la puissance
même contre laquelle l'Italie a à se prémunir. Chargera-
t-on les Gibelins d'arracher l'Italie aux Gibelins? Il n'y
a donc que la France qui puisse prendre ce rôle. C'est
celui de sa nature, comme c'est celui de sa géographie,
comme c'est celui de sa politique. Il n'y a pas un soupir
de liberté en Italie qui ne soit une invocation à la France ;
il ne doit pas y avoir un soupir de liberté en Italie qui
ne soit entendu de la France ! Il n'y a besoin entre les
deux peuples ni de protocoles, ni de traité, ni de ser-
ment d'alliance ; ce sont les natures qui s'allient, ce sont
les âmes qui s'assimilent, ce sont les instincts qui ju-
rent pour eux ! Le moment était venu sans prémédita-
tion, sans propagande, sans conspiration pour la France
de déclarer franchement et à haute voix son patronage

toujours acquis à la confédération indépendante de l'I-
talie, et d'accepter ou de prendre la médiation au moins
tacite de la ligue à la tête de laquelle le pape s'était
placé. Croit-on que la Providence tienne en réserve dans
ses conclaves beaucoup de *Pie IX!* L'âme de cet homme
avait allumé l'âme de ce peuple. Croit-on la rallumer à
volonté quand on l'aura laissée éteindre?

Sans doute, le cabinet français est assez éclairé pour
savoir tout cela aussi bien que nous, et pour y avoir
pensé et repensé: pourquoi donc ne l'a-t-il pas fait?
Pourquoi au contraire ses négociations (autant qu'on
peut les conjecturer par les résultats) n'ont-elles tendu
qu'à amortir le mouvement italien? qu'à contenir Naples et la Sicile? qu'à retenir et qu'à modérer le pape?
qu'à se faire un intermédiaire bien agréé de l'Autriche?
qu'à enlever tout prétexte ou patriotisme italien en disant tout bas à Vienne: « Retirez quelques sentinelles,
« tout cela se calmera, et l'Italie, contente de quelques
« petites parades d'indépendance et de quelques petites
« améliorations dans ses régimes administratifs, restera
« aussi inoffensive qu'avant l'échauffourrée libérale de
« Pie IX; elle aura seulement recouvert ses chaînes de
« quelques fleurs de liberté! cela lui suffit et à nous aussi!»

Pourquoi cette complicité de la France? Nous le savions
bien et nous l'avions bien prédit d'avance depuis le jour
où l'on nous annonça comme une victoire le funeste mariage de notre dynastie en Espagne. C'est que de ce jour,
la France ayant rompu définitivement toute possibilité
de système d'alliance des États libres et constitutionnels
en rompant avec l'Angleterre pour un intérêt purement
dynastique à Madrid; de ce jour, disons-nous, la France
n'a eu d'autre parti à prendre que les alliances ou les
semblants d'alliance, ou les mendicités d'alliances avec
les ennemis naturels de la liberté des peuples. Pour
qu'un Bourbon de la branche cadette ait un jour la chance
onéreuse de régner à Madrid, il faut que l'Italie se ren-
dorme dans son suaire; il faut qu'elle reste morcelée et
garrottée; il faut qu'elle n'inspire pas d'ici à vingt ans
peut-être, un ombrage sérieux à ses maîtres; il faut
que la France y arrache de ses propres mains la mèche
de toute bombe sacrée ou profane qui menacerait de
faire explosion dans la Péninsule, et la porte elle-même

pour l'étouffer, bien authentiquement, sous les pieds
de M. de Metternich! En un mot, il faut qu'en Suisse
la France soit allemande! Il faut qu'en Italie la France
soit autrichienne! Il faut que partout la France soit
contre-révolutionnaire! Il faut que dans la sainte-alliance
des rois absolus contre les peuples du midi aspirant
à la liberté, la France reprenne la place de l'Angleterre,
qui la laisse vide, et la place du pape lui-même, qui
s'en retire en secouant la poussière de ses pieds! Il
faut que notre seule force morale, les espérances des
peuples asservis, s'écartent définitivement de nous, et
que les malédictions de l'Italie trompée ou ajournée
retombent pendant des années et des années sur les fils
aînés de la liberté! Quel sort! Quel contre-sens! Et
quelle politique! Mais le mariage espagnol est fait. Il
faut exécuter les clauses de ce fatal contrat!

L'Italie sera abandonnée. Pie IX sera enlacé d'obstacles, de conseils, de difficultés, d'impossibilités, de re-
fus. La ligue italienne sera déjouée encore une fois; les
patriotes de tout l'univers pleureront sur tant d'enthousiasme évaporé en cris d'amour pour un pontife, premier
miracle de la religion, de la liberté. L'Autriche remer-
ciera la France et ne la haïra pas moins.

On croira l'Italie résignée, mais l'âme de Pie IX vivant
ou mort ne la laissera plus dormir. Ce n'est pas en vain
qu'un esprit de sainte agitation, sous la figure d'un pape,
aura traversé Rome, Naples, la Toscane, Venise, Gênes,
le Piémont, en jetant à la dérobée aux peuples quelques
armes d'indépendance dont on ne pourra plus les dessaisir aisément. La liberté de la presse, la représentation
des provinces et des villes, le pouvoir laïque et municipal, le jury, enfin les gardes civiques, c'est-à-dire toute
l'armée spontanée des peuples dans un pays où il n'y a
pas d'autre armée. Si ces armes sont laissées aux Italiens, ils s'en serviront pour imposer à leurs souverains
et pour les contraindre à être libres et à se confédérer en
ligue italienne. Si on veut les désarmer de ces institutions, ils éclateront de nouveau et se lèveront une seconde
fois au nom de Pie IX, qui a désormais confondu son
nom avec celui de l'indépendance, et qui a placé Dieu
lui-même dans la ligue de la liberté! Mais la France!!!...

Mâcon. — Imprimerie de H. Robert.

SITUATION

DE

LA FRANCE A L'EXTÉRIEUR

EN 1847.

(3me article.)

Au moment de dire notre opinion sur l'affaire suisse, nous ne pouvons nous empêcher de recueillir religieusement toute notre prudence de paroles et tous nos scrupules d'humanité, de peur de dire un mot qui porte plus loin que nos pensées, qui soit un encouragement à la guerre civile ou à la guerre étrangère ; un mot, enfin, qui risque de devenir une goutte de sang ! Le sang des Suisses nous est aussi sacré que celui de la France. Nous voudrions à tout prix prévenir ou concilier le fatal conflit où il menace de couler.

Nos lecteurs connaissent la situation de la Suisse. Ils savent que cette grande peuplade, encore imparfaitement *nationalisée*, n'est qu'un groupe de petits états appelés cantons, disséminés dans les bassins, dans les vallées et sur les hautes croupes des Alpes ; indépendants les uns des autres pour leur gouvernement intérieur, unis seulement par un lien fédéral trop relâché pour retenir ce faisceau épars et discordant en une véritable et efficace fédération. Pour parler juste, ils savent que la Suisse est une anarchie, quelquefois paisible, quelquefois agitée, toujours faible et demandant en vain des conditions d'ordre, de force et de vie à une constitution qui ne les renferme pas.

Ce mode de constitution, dangereux partout, est plus funeste encore à la Suisse qu'il ne le serait dans tout autre pays où l'incohérence de la fédération pourrait être, jusqu'à un certain point, corrigée par l'unité d'opinion. La Suisse n'a pas plus d'unité d'opinion que d'unité de langue et de gouvernement. Sa constitution géographique le lui interdit. C'est une *impasse* du monde ; c'est un *Thibet* européen, c'est un dédale profond, sinueux et, dans certaines parties, inaccessible, de vallées, de bassins, de gorges, de lacs, de cours d'eau, de glaciers, de montagnes, où la civilisation générale du globe n'arrive qu'en échos lointains et arriérés. C'est un fragment du moyen-âge, avec ses municipalités, ses démocraties pastorales, ses aristocraties féodales, ses abbayes souveraines, ses mœurs, ses lois, ses coutumes, ses superstitions, pétrifié sur les sommets de l'Helvétie. Par quelques-uns de ses cantons, la Suisse plonge dans toutes les ténèbres de l'état social primitif et presque de la barbarie ; par d'autres, elle touche, comme à Genève et à Lausanne, à tout le raffinement de la civilisation la plus moderne ; séjour de Voltaire, patrie de J.-J. Rousseau, de madame de Staël, colonie de l'Angleterre, foyer d'idées libérales, centre d'industries, atelier de républicanisme, laboratoire de systèmes sociaux, charbon incandescent de la Révolution française.

On comprend combien une telle dissemblance de mœurs, d'intérêts, d'habitudes, d'idées, de religion doit apporter d'incohérence et de difficultés d'action commune dans la constitution. Les Suisses ne sont unis que par la géographie. Otez-leur leurs montagnes natives, ils formeront à l'instant trois ou quatre peuples différents et antipathiques. Mais la nécessité de défendre leur sol et leur liberté commune les force à se rallier en se repoussant. De là les fréquentes agitations de ce pays ; de là les tendances perpétuelles à la guerre civile ; de là les derniers troubles et la nouvelle crise à laquelle nous touchons.

On sait comment elle a commencé. Sous la forme de guerre religieuse. Les jésuites passionnant pour eux ou contre eux le Valais , Lucerne , Fribourg ; les couvents d'Argovie, sécularisés par la diète, obstinément maintenus contre elle ; les corps-francs allant porter impunément la guerre d'un canton à l'autre, sans autre répression que les coups de fusil ; la guerre de citoyen à citoyen dans la république, le droit de massacre mutuel proclamé comme un droit d'association ; les cantons renversant à la baïonnette ou au scrutin leur gouvernement, en instituant d'autres , et arrosant la terre suisse de sang suisse, en présence de la fédération générale sans droit et sans force pour sauver même ses propres enfants ! Enfin, une ligue de petits cantons appelée le *Sonderbund*, pour s'opposer, à main armée, à l'exécution des volontés légales de la fédération tout entière ! Voilà le spectacle de ces dernières années. Voilà la constitution suicide que les puissances proclament comme inviolable et sacrée pour les Suisses, et que le gouvernement français protége de tous ses vœux et protégera bientôt peut-être de ses baïonnettes !!! Nous n'ajoutons rien là à l'histoire ; nous la racontons.

Faut-il s'étonner que l'esprit de vie , de nationalité et de conservation véritable s'agite en Suisse pour réformer une semblable constitution et pour demander , à main armée, l'obéissance à la diète, la révision et une concentration raisonnable du pacte fédéral? Faut-il s'étonner que la guerre tranche ce que le droit et le bon sens n'ont pu dénouer?

Or, dans des circonstances si délicates et si douloureuses, quel devait être selon nous le langage, l'attitude, le rôle du gouvernement français? Sa nature le lui indiquait. Il est géographiquement l'allié et l'appui de la nationalité suisse. Il est politiquement l'allié et l'appui de la liberté. A ces deux titres, tout ce qui pouvait à la fois mieux nationaliser la Suisse et la fortifier par une concentration plus unitaire de sa fédération , et tout ce qui pouvait libéraliser davantage l'esprit général de cette fédération, était dans l'âme, dans le devoir et dans la saine politique de la France. Une neutralité amie, modératrice, mais avouant franchement ses vœux pour une réforme plus unitaire du pacte fédéral, et offrant dans ce sens ses bons offices aux cantons, telle était donc la ligne de conduite tracée au gouvernement français par la sagesse au-

tant que par l'amitié. Or, que fait le ministère français!
précisément le contraire. D'appui de la nationalité suisse,
il se fait son ennemi. D'allié du libéralisme en Suisse, il
se fait son calomniateur dans ses journaux. De Français,
en un mot, il se fait Autrichien, comme en Italie! Pourquoi ce renversement des choses naturelles? Ce n'est pas
défaut de haute intelligence dans le ministère français.
Mais nous dirons tout-à-l'heure ce qui le domine et ce
qui nous dénature.

Les choses paraissent tendre à une intervention austro-française en Suisse, et les publications d'hier et d'a-
vant-hier dans le *Journal des Débats*, déclarent d'avance,
au nom de la France, guerre aux réformateurs du pacte
fédéral, haine aux libéraux, appui et secours aux cantons en minorité, ligués contre le pouvoir central
et contre la révision de la constitution anarchique!
Voilà la politique de notre cabinet nettement dessinée,
et injurieusement promulguée. Une expectative armée
sur les frontières suisses, une amitié hautement avouée à
la minorité contre la majorité, enfin une intervention
austro-française pour écraser les gouvernements démo-
cratiques et raffermir la constitution, d'où sont sortis et
d'où ressortiront tous les jours, pour la Suisse, la même
faiblesse, la même anarchie et le même cahos.

Nous n'avons point de principe absolu en matière d'intervention, pas plus que l'histoire elle-même n'en a sur
ce point de droit public. Le motif des interventions en
fait, selon nous, la moralité ou l'immoralité. Question
de bonne foi, affaire de conscience, selon nous, entre les
peuples et les hommes d'Etat. Si vous intervenez pour
opprimer, corrompre, asservir, dominer une nation,
crime! Si vous intervenez pour l'aider, la secourir, la
défendre contre les autres ou contre elle-même, vertu!
Le désintéressement et l'intention sont pour nous, en
ceci, la mesure du droit. Le genre humain n'a jamais
résolu autrement ces questions. La fraternité est la loi
divine des peuples comme des individus. Elle leur im-
pose de s'entre-secourir dans certaines crises extrêmes de
leur vie nationale, bien que ce secours ne soit pas léga-
lement écrit dans le droit des gens. La loi non écrite ab-
sorbe la loi écrite. Si vous voyez à côté de vous un peuple s'entre-déchirer et verser le plus pur de son sang

dans une guerre intestine, sans juge et sans fin, il n'y aura rien de moins fraternel que d'assister, l'arme au bras, à ce spectacle de gladiateurs mourants, et de laisser la terre se joncher des cadavres de vos frères par un respect judaïque du droit que les peuples ont de s'entr'égorger.

Nous serions donc loin de blâmer une intervention amicale pour cause d'humanité en Suisse, quand le choc, presque inévitable des deux partis, n'aurait amené qu'une guerre civile prolongée et une déplorable effusion de sang. Nous ne blâmerions pas même que cette intervention amicale fût européenne et collective, au lieu d'être exclusivement française, puisque l'existence et la pacification de la Suisse sont un intérêt aussi européen que français. Mais ce que nous réprouverions de toute la puissance de nos convictions, c'est que cette intervention, concertée dans un esprit illibéral et rétrograde avec l'Autriche et les puissances du Nord, eût pour but de contraindre la majorité des cantons à reprendre une constitution anarchique qu'elle abhorre, à faire triompher, à l'aide des armes étrangères, la minorité anti-libérale et anti-nationale du *Sonderbund*, et à faire la contre-révolution dans les cantons révolutionnés ; en un mot, que l'intervention fût une conspiration à main armée dans laquelle tremperait criminellement la France contre la nationalité, la tendance à l'unité et la liberté démocratique de la Suisse ! Or, encore une fois, voilà ce que le ministère semble nous présager ! L'osera-t-il ? et la France s'y pliera-t-elle ? Espérons mieux pour notre honneur et pour la mémoire de ce gouvernement.

Quant à nous, voici ce que nous n'avons cessé de dire ici et ailleurs, depuis l'origine de ce fatal conflit : La Suisse souffre et meurt de sa mauvaise constitution. Elle aspire à la rectifier : c'est son droit et c'est son salut. Aidons-la de nos conseils et de nos vœux d'abord dans ce sens. Empêchons que l'étranger ne se mêle à main armée de ses affaires. L'Autriche a intérêt à ce que la Suisse soit faible. Nous avons intérêt à ce qu'elle soit forte. Elle sera faible tant que son lien fédéral sera relâché. Qu'elle le resserre, qu'elle se donne un régime central qui ait sur tous les cantons, en matière d'intérêt général, non pas le pouvoir arbitraire, mais le pouvoir efficace em-

›runté à la volonté de la majorité dans la représentation
régularisée. Qu'elle respecte dans chacun des cantons sa
religion , ses lois spéciales, ses mœurs ; mais qu'il y ait
›u-dessus de ces libertés cantonnales une solution impé-
rative pour tous et une force armée pour faire obéir les
membres de la confédération à la tête. L'unité suisse ne
comporte pas en ce moment une plus complète concen-
.ration ; mais celle-ci suffit contre les deux fléaux des
›euples, l'anarchie et l'étranger. Si la Suisse opère d'elle-
même, et sans des agitations prolongées et sanglantes,
cette transformation, regardons-la faire. Si elle s'inonde de
son propre sang, soumettons ce plan de constitution fé-
lérale à un congrès des puissances et des cantons, et in-
.ervenons comme conciliateurs pour le faire adopter. Si
es puissances s'y refusent, intervenons seuls comme pa-
cificateurs, comme voisins et comme amis. Voilà , selon
nous, dans l'affaire suisse, le droit, la politique et le devoir
l'humanité de la France !

Oui, voilà ce que nous aurions certainement fait, avant
e mariage espagnol. Mais le contrat de Madrid est signé
›ncore une fois. Il n'y a plus d'Angleterre pour nous , il
n'y a plus de congrès de la liberté, il n'y a plus d'alliance
les peuples constitutionnels solidairement unis contre le
lespotisme des trônes absolus.

Nous étions placés entre la nécessité, depuis Juillet,
›u de sacrifier nos vieux ressentiments nationaux con-
re l'Angleterre, en formant à ce prix l'alliance des peu-
›les libres du Midi ; ou bien de sacrifier la liberté des
›euples et l'esprit de révolution, en mendiant l'alliance de
'Autriche. Notre parti est pris, nous avons sacrifié les
›euples et la cause de la liberté. Le mariage espagnol a
›té le sceau de ce pacte avec la contre-révolution en
Suisse, en Italie, en Espagne, en Portugal, dans tout
'univers. L'anneau nuptial de Madrid est devenu un
mneau de fer qui enchaîne la politique libérale de la
France à l'immobilité, ou aux exigences impérieuses des
›uissances du Nord. Le ministère a joué le sort du monde
sur une incompatibilité d'humeur et sur la fécondité
l'une enfant ! Jusqu'à ce que le sort ait prononcé, il est
›aralysé. Vous ne le croyez pas ? regardez Cracovie !
Vous ne le croyez pas ? regardez l'Italie ! Vous ne le
croyez pas ? regardez la Suisse ! Vous ne le croyez pas ?

regardez le Portugal ! Vous ne le croyez pas ? regardez
partout ! La France est désormais condamnée ou à ne
pas agir ou à agir contre sa nature, contre ses dogmes,
contre sa liberté, contre sa dignité, contre sa popularité dans le monde depuis Constantinople jusqu'à Madrid,
depuis Madrid jusqu'à Rome, depuis Rome jusqu'à Genève, depuis Genève jusqu'à Varsovie, depuis Varsovie
jusqu'à Lisbonne ! Le résultat est obtenu, l'œuvre est accomplie ; la Révolution s'est retournée contre elle-même,
comme une arme faussée dans la main. Et voilà, dites-
vous, la grande politique ! Nous sommes de votre avis ;
oui, il n'y en a pas eu de plus grande depuis le par-
tage de la Pologne. Grâce à cette grande politique, la
France, au dehors, est encadrée dans l'impossible. Elle
ne peut tenir dans ce cadre qu'en se rapetissant ; elle
ne peut le briser qu'en éclatant. O grande politique, en
effet, qui la condamne à la petitesse ou à la folie ! Félici-
tez-vous ! Ses plus cruels ennemis n'auraient pas mieux
fait. Le Midi vous accuse, vos alliances se retirent,
l'Angleterre s'isole, l'Orient vous invoque, l'Italie se
détourne, la Suisse s'étonne, les peuples se lassent, la
liberté vous accuse, mais l'absolutisme européen en est
content !

***

AU JOURNAL

DE SAONE-ET-LOIRE.

Platon proscrivait l'idéal de sa république, mais il le couronnait en le chassant. Le *Journal de Saône-et-Loire* nous traite aujourd'hui comme Platon traitait l'idéal. Nous ne nous en plaignons pas ; nous le remercions d'abord avec reconnaissance des couronnes, et nous discuterons plus tard l'ostracisme auquel nous sommes si gracieusement condamné.

Dans son spirituel article d'hier, le *Journal de Saône-et-Loire* ne discute pas nos idées, mais il discute M. de Lamartine. La situation de M. de Lamartine n'est pas aujourd'hui le texte de nos articles ; c'est quelque chose de plus important que nous examinons ; c'est la situation du pays. Quant à la situation si profondément isolée de M. de Lamartine (comme chacun sait), réfugiée pour unique écho dans cet *obscur* journal du *Bien Public* que personne ne lit ni ne répète (comme chacun voit), nous l'abandonnons au *Journal de Saône-et-Loire*, sans savoir ce qui en adviendra et sans nous en soucier le moins du monde. Si M. de Lamartine a attaché sa vie politique à des rêves, ses rêves passeront avec son nom. S'il l'a attachée à des vérités éternelles, ces vérités lui survivront et donneront dans l'avenir des démentis aux prophètes du jour. Nous n'en savons rien ; nous tirons au sort, dans l'urne du temps, le bien ou le mal, le rêve ou la vérité. C'est Dieu qui prononce... Attendons.

Mais, en attendant, nous voulons dire un mot seulement, ce matin, d'une qualification que le *Journal de Saône-et-Loire* donne au *Bien Public*. Il l'appelle une feuille de doctrines radicales. A chacun son nom.

Si nous donnions au *Journal de Saône-et-Loire* la

qualification de *feuille absolutiste*, nous aurions tort. Le *Journal de Saône-et-Loire* est un journal conservateur qui soutient souvent des opinions différentes des nôtres, mais qui les soutient généralement avec mesure, souvent avec un remarquable talent, toujours avec indépendance : Dieu nous garde de qualifier ces opinions, même en les réfutant, d'une dénomination qui les dénature ou qui les travestisse.

Entend-on par feuille radicale un journal qui ne borne pas son opposition à combattre tel ou tel ministre au bénéfice de tel ou tel autre, mais qui, embrassant le Système, le règne, les tendances du gouvernement tout entier dans sa désapprobation, demande un redressement complet, sérieux, durable, de l'esprit de ce gouvernement? Nous sommes radicaux comme beaucoup d'honorables publicistes et d'excellents citoyens le sont à d'autres points de vue que nous.

Entend-on par feuille radicale un journal qui sort par ses doctrines du cercle de la constitution pour en provoquer la destruction totale et violente; qui ne reconnaît pas d'autorité morale aux lois de son pays, et qui, leur substituant des théories de gouvernement entièrement idéales, pousse les citoyens, soit au renversement des gouvernements politiques, soit à la subversion de l'Etat, de la famille et de la propriété, ces trois unités fondamentales de l'ordre social moderne. Nous le demandons à la conscience publique, est-ce là le caractère, est-ce là la définition de nos doctrines et de notre sérieuse, mais loyale opposition ?

Avons-nous été radicaux dans ce sens par nos paroles? L'avons-nous été par nos actes?

Et de qui donc est cette pensée souvent citée : « Le radicalisme n'est que le désespoir de la logique; nous « ne désespérons pas du bon sens ni de la discussion ? »

Et de qui donc est cette maxime adressée à l'opposition, il y a trois mois, dans une circonstance mémorable pour nous : « Les constitutions sont élastiques, il n'y a « pas besoin de les briser pour les élargir ? »

Et de qui donc est cette autre formule de la même pensée : « Dans les pays libres on peut faire les révolu- « tions dans le cercle de la constitution ? »

Et de qui donc sont ces paroles : « La constitution est

« notre enceinte de conscience, nous n'en sortirons ja-
« mais les premiers ? »

Et de qui sont ces mots : « Les coups-d'Etat du peu-
« ple ne sont pas moins déplorables que ceux des rois ? »

De qui enfin ce paragraphe entier d'un de nos derniers articles où nous disons textuellement : « Si nous
« étions républicains comme philosophes, nous saurions
« être monarchiques comme citoyens ? »

Et ces autres quelques lignes plus bas : « Nous servi-
« rons nous-mêmes loyalement et religieusement la mo-
« narchie représentative à ces conditions? »

Et cet autre enfin : « Que le gouvernement entre dans
« ces voies, et nous l'y suivrons sans lui demander s'il
« porte une couronne, une tiare ou un chapeau ? »

Sont-ce là les expressions du radicalisme?

Parlerons-nous des actes, maintenant?

Et qui donc a défendu mieux que nous la lettre des
prérogatives constitutionnelles quand elle nous a paru
atteinte par la *coalition* parlementaire et par la colère de
ces hommes d'Etat même qu'on nous oppose aujour-
d'hui, comme des conservateurs immaculés?

Et qui donc a défendu, au risque de plus d'impopu-
larité, la *paix*, pierre angulaire des institutions de
1830?

Et qui donc a défendu plus résolument que nous les
trois fondements de la société civile et politique : l'Etat,
la famille, la propriété?

Et qui donc a combattu plus hardiment que nous le
communisme et ces théories de bouleversement et de
cahos nées de l'indifférence de l'Etat, de l'égoïsme des
lois, et de la misère du peuple dans les classes laborieuses? miasmes délétères de la pensée souffrante des
prolétaires, qui s'élèvent d'en bas, pour se former en
orages sur la tête de tous, et que la justice, la Providence et la bienfaisance publique éclairerait et dissipe-
rait si on suivait nos inspirations.

Et qui donc a répondu à ces ouvriers trompés de re-
construction radicale, qui nous demandaient le concours
de notre organe politique : « Non : nous sommes les amé-
« liorateurs, mais non les destructeurs de l'ordre social. »

Sont-ce là les œuvres du radicalisme?

Non, encore une fois, notre opposition, que des mots

d'ordre dont la loyauté du *Journal de Saône-et-Loire* ne sera jamais complice voudraient rendre suspecte aux bons citoyens, ne sera radicale que le jour où le gouvernement serait inconstitutionnel. Nous nous sentons au fond plus conservateurs que beaucoup de ceux qui arborent ce titre, et quand la liquidation des opinions se fera, quand on mettra d'un côté les doctrines qui auront perdu un gouvernement et les doctrines qui l'auraient sauvé, nous croyons de bonne foi que la balance sera en notre faveur et que les honnêtes gens diront : « On appelait en ce temps-là ces idées, des idées « radicales ; mais si on les eût adoptées à temps, l'Etat, « la famille, la propriété, la paix, la constitution, le « gouvernement seraient encore debout sur la large base « de la souveraineté de l'opinion, soutenus par l'affec- « tion des masses, et cimentés par le ciment des lois po- « pulaires. »

***